Rat der Europäischen Union

2013/756/EU: Beschluss des Rates vom 2. Dezember 2013

zur Festlegung des von der Europäischen Union im Ausschuss für das öffentliche Beschaffungswesen zu vertretenden Standpunkts in Bezug auf die Beschlüsse zur Umsetzung einiger [...]

AP

Antiphon Verlag

Rat der Europäischen Union

2013/756/EU: Beschluss des Rates vom 2. Dezember 2013

zur Festlegung des von der Europäischen Union im Ausschuss für das öffentliche Beschaffungswesen zu vertretenden Standpunkts in Bezug auf die Beschlüsse zur Umsetzung einiger [...]

1. Auflage 2026 | ISBN: 978-3-38798-674-7

Antiphon Verlag ist ein Imprint der Antiquum Novum Verlag.

Verlag: Antiquum Novum Verlag UG (haftungsbeschränkt), Im Erlengrund 6a, 35510 Butzbach, Deutschland, info@antiquum-novum.de
Vertretungsberechtigt: E. Roepke, Zeilweg 44, 60439 Frankfurt, Deutschland
Druck: Libri Plureos GmbH, Friedensallee 273, 22763 Hamburg, Deutschland

BESCHLÜSSE

BESCHLUSS DES RATES

vom 2. Dezember 2013

zur Festlegung des von der Europäischen Union im Ausschuss für das öffentliche Beschaffungswesen zu vertretenden Standpunkts in Bezug auf die Beschlüsse zur Umsetzung einiger Bestimmungen des Protokolls zur Änderung des Übereinkommens über das öffentliche Beschaffungswesen

(2013/756/EU)

DER RAT DER EUROPÄISCHEN UNION —

gestützt auf den Vertrag über die Arbeitsweise der Europäischen Union, insbesondere auf Artikel 207 Absatz 4 Unterabsatz 1 in Verbindung mit Artikel 218 Absatz 9,

auf Vorschlag der Europäischen Kommission,

in Erwägung nachstehender Gründe:

(1) Nach Maßgabe des Artikels XXIV Absatz 7 Buchstaben b und c des WTO-Übereinkommens über das öffentliche Beschaffungswesen (*Government Procurement Agreement* — GPA von 1994) wurden im Januar 1999 Verhandlungen über die Überarbeitung des GPA von 1994 eingeleitet.

(2) Die Verhandlungen wurden von der Kommission in Abstimmung mit dem nach Artikel 207 Absatz 3 des Vertrags über die Arbeitsweise der Europäischen Union (AEUV) eingerichteten Ausschuss geführt.

(3) Vor dem Hintergrund dieser Verhandlungen erzielten die Verhandlungsführer am 30. März 2012 eine Vereinbarung über ein Protokoll zur Änderung des Übereinkommens über das öffentliche Beschaffungswesen (im Folgenden „das Protokoll") und über sieben Beschlüsse, die vom Ausschuss für das öffentliche Beschaffungswesen anzunehmen sind, damit die Umsetzung einiger Bestimmungen des Protokolls unmittelbar nach dessen Inkrafttreten eingeleitet werden kann. Es handelt sich hierbei um die folgenden Beschlüsse: i) Beschluss des Ausschusses für das öffentliche Beschaffungswesen zu den Vorschriften für die Notifizierung gemäß der Artikel XIX und XXII des Übereinkommens, ii) Beschluss des Ausschusses für das Beschaffungswesen zur Verabschiedung von Arbeitsprogrammen, iii) Beschluss des Ausschusses für das öffentliche Beschaffungswesen zu einem Arbeitsprogramm zu den KMU, iv) Beschluss des Ausschusses für das öffentliche Beschaffungswesen zu einem Arbeitsprogramm zur Erhebung und Meldung statistischer Daten, v) Beschluss des Ausschusses für das öffentliche Beschaffungswesen zu einem Arbeitsprogramm zu nachhaltigen Beschaffungen, vi) Beschluss des Ausschusses für das öffentliche Beschaffungswesen zu einem Arbeitsprogramm zu Ausschlüssen und Beschränkungen in den Anhängen der Vertragsparteien, vii) Beschluss zu einem Arbeitsprogramm zu Sicherheitsnormen im internationalen Beschaffungswesen (im Folgenden gemeinsam „die Beschlüsse").

(4) Das Verfahren zur Umsetzung der am 30. März 2012 erreichten Vereinbarung erfordert, dass der Ausschuss für das öffentliche Beschaffungswesen in seiner ersten Sitzung nach Inkrafttreten des Protokolls einen Beschluss fasst, der die Annahme der Beschlüsse und deren Inkrafttreten ab dem Zeitpunkt des Inkrafttretens des Protokolls bestätigt.

(5) Die Annahme der Beschlüsse wird für eine weitere Öffnung des öffentlichen Beschaffungswesens sorgen, da dadurch die Umsetzung der Grundsätze des überarbeiteten GPA von 1994 über das öffentliche Beschaffungswesen erleichtert und zur Beseitigung diskriminierender Praktiken beigetragen wird.

(6) Es ist angemessen, den im Namen der Union im Ausschuss für das öffentliche Beschaffungswesen in Bezug auf die Beschlüsse zur Umsetzung bestimmter Vorschriften des Protokolls zu vertretenden Standpunkt festzulegen —

HAT FOLGENDEN BESCHLUSS ERLASSEN:

Artikel 1

Der im Namen der Europäischen Union im Ausschuss für das öffentliche Beschaffungswesen zu vertretende Standpunkt besteht darin, die Annahme der folgenden Beschlüsse zu bestätigen:

i) Beschluss des Ausschusses für das öffentliche Beschaffungswesen zu den Vorschriften für die Notifizierung gemäß Artikel XIX und XXII des Übereinkommens;

ii) Beschluss des Ausschusses für das Beschaffungswesen zur Verabschiedung von Arbeitsprogrammen;

iii) Beschluss des Ausschusses für das öffentliche Beschaffungswesen zu einem Arbeitsprogramm zu den KMU;

iv) Beschluss des Ausschusses für das öffentliche Beschaffungswesen zu einem Arbeitsprogramm zur Erhebung und Meldung statistischer Daten;

v) Beschluss des Ausschusses für das öffentliche Beschaffungswesen zu einem Arbeitsprogramm zu nachhaltigen Beschaffungen;

vi) Beschluss des Ausschusses für das öffentliche Beschaffungswesen zu einem Arbeitsprogramm zu Ausschlüssen und Beschränkungen in den Anhängen der Vertragsparteien;

vii) Beschluss zu einem Arbeitsprogramm zu Sicherheitsnormen im internationalen Beschaffungswesen;

außerdem wird dem Inkrafttreten dieser Beschlüsse ab dem Zeitpunkt des Inkrafttretens des Protokolls zur Änderung des GPA von 1994 zugestimmt.

Die Kommission wird diesen Standpunkt vertreten.

Der Wortlaut der Beschlüsse ist diesem Beschluss beigefügt.

Artikel 2

Dieser Beschluss tritt am Tag seiner Annahme in Kraft.

Geschehen zu Brüssel am 2. Dezember 2013.

Im Namen des Rates

Der Präsident

E. GUSTAS

ANHANG

ANHANG A

Beschluss des Ausschusses für das öffentliche Beschaffungswesen zu den Vorschriften für die Notifizierung gemäss Artikel XIX und XXII des Übereinkommens

Beschluss vom 30. März 2012

DER AUSSCHUSS FÜR DAS ÖFFENTLICHE BESCHAFFUNGSWESEN —

IN ANBETRACHT der Bedeutung der Transparenz von Gesetzen und Verordnungen im Zusammenhang mit diesem Übereinkommen, einschließlich der entsprechenden Änderungen gemäß Artikel XXII Absatz 5 des Übereinkommens,

IN ANBETRACHT der Wichtigkeit, in Übereinstimmung mit Artikel XIX des Übereinkommens genaue Listen der unter die Anhänge einer Vertragspartei zu Anlage I des Übereinkommens fallenden Beschaffungsstellen zu pflegen,

IN ANERKENNUNG der Schwierigkeit für die Vertragsparteien, dem Ausschuss rechtzeitig die Änderungen ihrer Gesetze und Verordnungen im Zusammenhang mit dem Übereinkommen gemäß Artikel XXII Absatz 5 des Übereinkommens sowie die beabsichtigten Berichtigungen ihrer Anhänge zu Anlage I gemäß Artikel XIX Absatz 1 des Übereinkommens zu notifizieren,

UNTER BERÜCKSICHTIGUNG, dass die Bestimmungen von Artikel XIX des Übereinkommens zwischen Notifizierungen von beabsichtigten Berichtigungen, die den gemeinsam vereinbarten Geltungsbereich des Übereinkommens nicht verändern und sonstigen Arten von beabsichtigten Änderungen der Anhänge zu Anlage I unterscheiden,

IN ANERKENNUNG, dass es die technologischen Änderungen vielen Vertragsparteien ermöglicht haben, elektronische Mittel zu verwenden, um Informationen zu ihrem öffentlichen Beschaffungswesen bereitzustellen und um den anderen Vertragsparteien diesbezügliche Änderungen zu notifizieren —

BESCHLIESST FOLGENDES:

Jährliche Notifizierung der Änderungen in Gesetzen und Verordnungen

1. Wenn eine Vertragspartei über offiziell bezeichnete elektronische Medien verfügt, die Links auf ihre aktuellen Gesetze und Vorschriften im Zusammenhang mit diesem Übereinkommen enthalten, und diese Gesetze und Vorschriften in einer offiziellen WTO-Sprache verfügbar sind, und wenn diese Medien in Anlage II aufgeführt sind, kann die Vertragspartei die Anforderung gemäß Artikel XXII Absatz 5 erfüllen, indem sie dem Ausschuss jährlich am Jahresende sämtliche Änderungen notifiziert, es sei denn, es handelt sich um grundlegende Änderungen, die Auswirkungen auf die Verpflichtungen der Vertragspartei im Rahmen des Übereinkommens haben können, in welchem Fall die Notifizierung unverzüglich zu erfolgen hat.

2. Die Vertragsparteien erhalten die Gelegenheit, die jährliche Notifizierung einer Vertragspartei im Rahmen des ersten informellen Treffens des Ausschusses im folgenden Jahr zu diskutieren.

Beabsichtigte Berichtigungen der Anhänge einer Vertragspartei zu Anlage I

3. Die folgenden Änderungen der Anhänge einer Vertragspartei zu Anlage I werden als Berichtigung im Sinne von Artikel XIX des Übereinkommens betrachtet:

   a) Änderung des Namens einer Beschaffungsstelle,

   b) Zusammenschluss von zwei oder mehreren in einem Anhang aufgeführten Beschaffungsstellen und

   c) Aufteilung einer in einem Anhang aufgeführten Beschaffungsstelle in zwei oder mehrere Beschaffungsstellen, die alle zu den im selben Anhang aufgeführten Beschaffungsstellen hinzugefügt werden.

4. Im Falle von beabsichtigten Berichtigungen der Anhänge einer Vertragspartei zu Anlage I gemäß Absatz 3 notifiziert die Vertragspartei diese dem Ausschuss alle zwei Jahre ab Inkrafttreten des Protokolls zur Änderung des bestehenden Übereinkommens (1994).

5. Eine Vertragspartei kann dem Ausschuss einen Einwand gegen eine beabsichtigte Berichtigung innerhalb von 45 Tagen ab dem Datum des Versands der Notifizierung an die Vertragsparteien notifizieren. Gemäß Artikel XIX Absatz 2 hat eine Vertragspartei, die einen Einwand erhebt, diesen Einwand zu begründen und die Gründe anzugeben, weshalb sie der Ansicht ist, dass die beabsichtigte Berichtigung Auswirkungen auf den gemeinsam vereinbarten Geltungsbereich hätte und daher nicht Absatz 3 unterliegt. Falls kein schriftlicher Einwand erhoben wird, treten die beabsichtigten Berichtigungen gemäß Artikel XIX Absatz 5 Buchstabe a 45 Tage nach dem Versand der Notifizierung in Kraft.

6. Die Vertragsparteien prüfen die praktische Umsetzung und die Tauglichkeit dieses Beschlusses innerhalb von vier Jahren nach seiner Verabschiedung und nehmen gegebenenfalls die erforderlichen Anpassungen vor.

ANHANG B

Beschluss des Ausschusses für das öffentliche Beschaffungswesen zur Verabschiedung von Arbeitsprogrammen

Beschluss vom 30. März 2012

DER AUSSCHUSS FÜR DAS ÖFFENTLICHE BESCHAFFUNGSWESEN —

UNTER FESTSTELLUNG, dass der Ausschuss gemäß Artikel XXII Absatz 8 Buchstabe b einen Beschluss verabschieden kann, der zusätzliche Arbeitsprogramme auflistet, die er unternimmt, um die Umsetzung des Übereinkommens und die Verhandlungen gemäß Artikel XXII Absatz 7 des Übereinkommens zu fördern —

BESCHLIESST FOLGENDES:

1. Folgende Arbeitsprogramme werden der Liste der Arbeitsprogramme hinzugefügt, im Rahmen derer der Ausschuss künftig Arbeiten durchführen wird:

   a) Überprüfung der Nutzung, der Transparenz und der Rechtsrahmen von öffentlich-privaten Partnerschaften und deren Beziehung zu einschlägigen Beschaffungen,

   b) Vor- und Nachteile der Entwicklung einer gemeinsamen Nomenklatur für Waren und Dienstleistungen und

   c) Vor- und Nachteile der Entwicklung von standardisierten Bekanntmachungen.

2. Der Ausschuss legt den Umfang und den Zeitplan dieser Arbeitsprogramme zu einem späteren Zeitpunkt fest.

3. Der Ausschuss überprüft diese Liste von Programmen in periodischen Abständen und nimmt geeignete Anpassungen vor.

ANHANG C

Beschluss des Ausschusses für das öffentliche Beschaffungswesen zu einem Arbeitsprogramm zu den KMU

Beschluss vom 30. März 2012

DER AUSSCHUSS FÜR DAS ÖFFENTLICHE BESCHAFFUNGSWESEN —

UNTER FESTSTELLUNG, dass Artikel XXII Absatz 8 Buchstabe a des Übereinkommens über das öffentliche Beschaffungswesen (Übereinkommen) vorsieht, dass die Vertragsparteien Arbeitsprogramme verabschieden und periodisch überprüfen, darunter ein Arbeitsprogramm zu kleinen und mittleren Unternehmen (KMU),

IN ANERKENNUNG der Wichtigkeit die es hat, die Teilnahme von KMU am öffentlichen Beschaffungswesen zu fördern, und

IN ANERKENNUNG DESSEN, dass die Vertragsparteien in Artikel XXII Absatz 6 vereinbart haben, Bestrebungen zu unternehmen, um die Einführung oder Aufrechterhaltung von diskriminierenden Maßnahmen, welche offene Beschaffungsverfahren verzerren, zu vermeiden —

VERABSCHIEDET DAS FOLGENDE ARBEITSPROGRAMM BETREFFEND DIE KMU:

1. **Einleitung des Arbeitsprogramms zu den KMU**

Auf seiner ersten Sitzung nach Inkrafttreten des Protokolls zur Änderung des bestehenden Übereinkommens (1994) leitet der Ausschuss ein Arbeitsprogramm zu den KMU ein. Der Ausschuss überprüft die Maßnahmen und Politiken betreffend KMU, welche die Vertragsparteien anwenden, um die Teilnahme von KMU am öffentlichen Beschaffungswesen zu unterstützen, zu fördern, zu ermutigen oder zu erleichtern und erstellt einen Bericht mit den Ergebnissen dieser Überprüfung.

2. **Vermeidung diskriminierender Maßnahmen gegenüber KMU**

Die Vertragsparteien vermeiden die Einführung diskriminierender Maßnahmen, die nur inländische KMU begünstigen, und halten beitretende Parteien davon ab, solche Maßnahmen und Politiken einzuführen.

3. **Transparenzprogramm und KMU-Umfrage**

3.1. *Transparenzprogramm*

Bei Inkrafttreten des Protokolls zur Änderung des bestehenden Übereinkommens (1994) notifizieren die Vertragsparteien, die in ihrer Anlage I spezifische Bestimmungen zu den KMU, einschließlich reservierter Märkte aufrechterhalten, dem Ausschuss solche Maßnahmen und Politiken. Die Notifizierung sollte eine ausführliche Beschreibung der Maßnahmen und Politiken, den entsprechenden Rechtsrahmen zusammen mit seiner Funktionsweise und den Wert der Beschaffungen, die solchen Maßnahmen unterliegen, enthalten. Außerdem haben diese Vertragsparteien dem Ausschuss gemäß Artikel XXII Absatz 5 des Übereinkommens alle wesentlichen Änderungen solcher Maßnahmen und Politiken zu notifizieren.

3.2. *KMU-Umfrage*

a) Der Ausschuss holt im Rahmen eines Fragebogen zu den Maßnahmen und Politiken, die angewendet werden, um die Teilnahme von KMU an öffentlichen Beschaffungen zu unterstützen, zu fördern, zu ermutigen oder zu erleichtern, Informationen bei den Vertragsparteien ein. In dem Fragebogen sollten von jeder Vertragspartei Informationen zu den folgenden Themen angefordert werden:

i) Beschreibung der von der Vertragspartei angewendeten Maßnahmen und Politiken, einschließlich der wirtschaftlichen, sozialen und sonstigen Ziele der Maßnahmen und Politiken und der Art ihrer Verwaltung,

ii) Definition, welche die Vertragspartei für KMU anwendet,

iii) Ausmaß, in dem eine Vertragspartei über spezialisierte Gremien oder Institutionen verfügt, die KMU im Zusammenhang mit öffentlichen Beschaffungen unterstützen,

iv) Niveau der Teilnahme von KMU an öffentlichen Beschaffungen, gemessen am Wert und an der Anzahl der Aufträge, für die KMU den Zuschlag erhielten,

v) Beschreibung der Maßnahmen und Politiken für die Weitervergabe von Aufträgen an KMU, einschließlich Ziele, Garantien und Anreize im Bereich der Weitervergabe,

vi) Förderung der Teilnahme von KMU an gemeinsamen Angeboten (mit anderen großen oder kleinen Anbietern),

vii) Maßnahmen und Politiken, die darauf abzielen, den KMU die Gelegenheit zu bieten, an öffentlichen Beschaffungen teilzunehmen (wie verbesserte Transparenz und Verfügbarkeit von Informationen zu öffentlichen Beschaffungen für die KMU, Vereinfachung der Bedingungen für die Teilnahme an Ausschreibungen, Verringerung der Auftragsvolumen und Gewährleistung der rechtzeitigen Bezahlung gelieferter Waren oder erbrachter Leistungen), und

viii) Verwendung von Maßnahmen und Politiken im Bereich des öffentlichen Beschaffungswesens, um die Innovation bei den KMU zu fördern.

b) Zusammenfassung der Antworten auf die KMU-Umfrage durch das WTO-Sekretariat:

Das WTO-Sekretariat legt eine Frist für die Übermittlung der Antworten auf den Fragebogen durch alle Vertragsparteien an das WTO-Sekretariat fest. Nach Erhalt der Antworten erstellt das Sekretariat eine Zusammenfassung und übermittelt die Antworten sowie die Zusammenfassung an die Vertragsparteien. Es fügt eine Liste der Vertragsparteien bei, die nicht geantwortet haben.

c) Austausch zwischen den Vertragsparteien zu den Antworten auf den KMU-Fragebogen:

Auf der Grundlage des vom WTO-Sekretariats erstellten Dokuments legt der Ausschuss eine Frist für den Austausch von Fragen, von Anforderungen zusätzlicher Informationen und von Kommentaren zu den Antworten der anderen Vertragsparteien fest.

4. Beurteilung der Ergebnisse der KMU-Umfrage und Umsetzung ihrer Folgerungen

4.1. *Beurteilung der Ergebnisse der KMU-Umfrage*

Der Ausschuss ermittelt die Maßnahmen und Politiken, die er als bewährte Verfahren für die Förderung und Erleichterung der Teilnahme der KMU der Vertragsparteien an den öffentlichen Beschaffungen erachtet, und erstellt einen Bericht, der auf die bewährten Verfahren in diesem Bereich hinweist und eine Liste der anderen Maßnahmen enthält.

4.2. *Umsetzung der Folgerungen aus der KMU-Frage*

a) Die Vertragsparteien fördern die Annahme der in der Beurteilung der Umfrageergebnisse bestimmten bewährte Verfahren zur Förderung und Erleichterung der Teilnahme der KMU der Vertragsparteien an den öffentlichen Beschaffungen.

b) In Bezug auf andere Maßnahmen fordert der Ausschuss die Vertragsparteien, die solche Maßnahmen aufrechterhalten, auf, diese zu überprüfen und entweder zu beseitigen oder auch auf die KMU der anderen Vertragsparteien anzuwenden. Diese Vertragsparteien informieren den Ausschuss über die Folgerungen aus der Überprüfung.

c) Die Vertragsparteien, die andere Maßnahmen aufrechterhalten, führen den Wert der solchen Maßnahmen unterliegenden Beschaffungen in den Statistiken auf, die sie dem Ausschuss gemäß Artikel XVI Absatz 4 des Übereinkommens übermitteln.

d) Die Vertragsparteien können beantragen, dass solche anderen Maßnahmen in den künftigen Verhandlungen gemäß Artikel XXII Absatz 7 des Übereinkommens enthalten sein sollen. Solche Anträge werden von den Vertragsparteien, die solche Maßnahmen aufrechterhalten, wohlwollend entgegengenommen.

5. Überprüfung

Zwei Jahre nach Inkrafttreten des Protokolls zur Änderung des bestehenden Übereinkommens (1994) überprüft der Ausschuss die Auswirkungen der bewährten Verfahren auf die vermehrte Teilnahme der KMU der Vertragsparteien an öffentlichen Beschaffungen und zieht in Erwägung, ob andere Verfahren die Teilnahme der KMU weiter stärken könnten. Er kann auch die Auswirkungen anderer Maßnahmen auf die Teilnahme der KMU anderer Vertragsparteien an den öffentlichen Beschaffungen der Vertragsparteien, die solche Maßnahmen aufrechterhalten, überprüfen.

ANHANG D

Beschluss des Ausschusses für das öffentliche Beschaffungswesen zu einem Arbeitsprogramm zur Erhebung und Meldung statistischer Daten

Beschluss vom 30. März 2012

DER AUSSCHUSS FÜR DAS ÖFFENTLICHE BESCHAFFUNGSWESEN —

UNTER FESTSTELLUNG, dass Artikel XXII Absatz 8 Buchstabe a des Übereinkommens über das öffentliche Beschaffungswesen (Übereinkommen) vorsieht, dass die Vertragsparteien Arbeitsprogramme verabschieden und periodisch überprüfen, darunter ein Arbeitsprogramm zur Erhebung und Kommunikation statistischer Daten,

IN ANBETRACHT der Bedeutung der Erhebung und Kommunikation statistischer Daten gemäß Artikel XVI Absatz 4 des Übereinkommens für die Gewährleistung der Transparenz der unter das Übereinkommen fallenden öffentlichen Beschaffungen,

UNTER BERÜCKSICHTIGUNG DESSEN, dass statistische Daten, die zeigen, in welchem Ausmaß die Vertragsparteien unter das Übereinkommen fallende Waren und Dienstleistungen von den anderen Parteien des Übereinkommens erwerben, ein wichtiges Instrument für die Überzeugung weiterer WTO-Mitglieder sein könnten, dem Übereinkommen beizutreten,

IN ANERKENNUNG der allgemeinen Schwierigkeiten der Parteien des Übereinkommens bei der Datenerhebung im Bereich des öffentlichen Beschaffungswesens und insbesondere bei der Bestimmung des Ursprungslands der unter dem Übereinkommen erworbenen Waren und Dienstleistungen und

IN ANERKENNUNG DESSEN, dass die Vertragsparteien verschiedene Methoden für die Erhebung ihrer Statistiken verwenden, um die Kommunikationsanforderungen gemäß Artikel XVI Absatz 4 des Übereinkommens zu erfüllen, und dass sie unterschiedliche Methoden bei der Datenerhebung für zentrale und subzentrale Regierungsstellen verwenden können —

VERABSCHIEDET DAS FOLGENDE ARBEITSPROGRAMM BETREFFEND DIE ERHEBUNG UND KOMMUNIKATION STATISTISCHER DATEN:

1. **Einleitung eines Arbeitsprogramms zur Erhebung und Kommunikation statistischer Daten**

   Auf seiner ersten Sitzung nach Inkrafttreten des Protokolls zur Änderung des bestehenden Übereinkommens (1994) leitet der Ausschuss ein Arbeitsprogramm zur Erhebung und Kommunikation statistischer Daten ein. Der Ausschuss überprüft die Erhebung und die Kommunikation statistischer Daten durch die Vertragsparteien, prüft die potenziellen Möglichkeiten in Bezug auf eine Harmonisierung und erstellt einen Bericht mit den Ergebnissen dieser Untersuchungen.

2. **Einreichung der Daten durch die Vertragsparteien**

   Der Ausschuss vereinbart ein Datum, bis zu dem jede Vertragspartei ihm die folgenden Informationen im Zusammenhang mit den statistischen Daten zu den unter das Übereinkommen fallenden Beschaffungen einzureichen hat:

   a) Beschreibung der Methode, die sie für die Erhebung, Bewertung und Kommunikation der statistischen Daten über und unter den Schwellenwerten des Übereinkommens sowie für Beschaffungen gemäß Absatz 4 Unterabsatz 2 Buchstabe c des Arbeitsprogramms zu den KMU anwenden. Dabei ist anzugeben, ob die Daten zu den unter das Übereinkommen fallenden Beschaffungen auf dem vollen Wert der vergebenen Aufträge oder auf den Gesamtausgaben für Beschaffungen innerhalb eines gegebenen Zeitrahmens basieren.

   b) Informationen dazu, ob die erhobenen statistischen Daten Aufschluss über das Herkunftsland der beschafften Waren oder Dienstleistungen geben und gegebenenfalls, wie das Herkunftsland bestimmt oder geschätzt wird, sowie zu den technischen Hindernissen bei der Erhebung der Daten zum Herkunftsland,

   c) Erläuterung der in den statistischen Berichten verwendeten Klassifikationen und

   d) Beschreibung der Datenquellen.

3. **Zusammenfassung der eingereichten Informationen**

   Das Sekretariat erstellt eine Zusammenfassung der eingereichten Informationen und übermittelt die Informationen sowie die Zusammenfassung an die Vertragsparteien. Es fügt eine Liste der Vertragsparteien bei, die keine Informationen eingereicht haben.

4. **Empfehlungen**

Der Ausschuss überprüft die eingereichten Informationen der Vertragsparteien und gibt Empfehlungen zu folgenden Punkten ab:

a) ob die Vertragsparteien eine gemeinsame Methode für die Erhebung statistischer Daten anwenden sollten,

b) ob die Vertragsparteien in der Lage sind, die Klassifikationen in den dem Ausschuss übermittelten statistischen Daten zu standardisieren,

c) Mittel zur Vereinfachung der Erhebung des Ursprungslands von unter das Übereinkommen fallenden Waren und Dienstleistungen und

d) weitere von den Vertragsparteien gestellte technische Fragen betreffend die Kommunikation von Daten zu den öffentlichen Beschaffungen.

5. **Der Ausschuss erarbeitet gegebenenfalls Empfehlungen zu den folgenden Punkten:**

a) mögliche Harmonisierung der Kommunikation der Statistiken mit dem Ziel, Statistiken zu den öffentlichen Beschaffungen den Jahresberichten der WTO beizufügen,

b) Leistung von technischer Unterstützung bei der Kommunikation der Statistiken durch das Sekretariat für WTO-Mitglieder, die dem Übereinkommen gerade beitreten, und

c) Mittel zur Gewährleistung, dass WTO-Mitglieder, die dem Übereinkommen gerade beitreten, über die geeigneten Instrumente verfügen, um die Vorschriften zur Erstellung und zur Kommunikation statistischer Daten zu erfüllen.

6. **Analyse der Daten**

Der Ausschuss prüft, wie die jährlich dem Sekretariat übermittelten statistischen Daten der Vertragsparteien für weitere Analysen verwendet werden können, um ein besseres Verständnis der wirtschaftlichen Bedeutung des Übereinkommens zu fördern, insbesondere der Auswirkungen der Schwellenwerte auf das Funktionieren des Übereinkommens.

ANHANG E

Beschluss des Ausschusses für das öffentliche Beschaffungswesen zu einem Arbeitsprogramm zu nachhaltigen Beschaffungen

Beschluss vom 30. März 2012

DER AUSSCHUSS FÜR DAS ÖFFENTLICHE BESCHAFFUNGSWESEN —

UNTER FESTSTELLUNG, dass Artikel XXII Absatz 8 Buchstabe a des Übereinkommens über das öffentliche Beschaffungswesen (Übereinkommen) vorsieht, dass die Vertragsparteien Arbeitsprogramme verabschieden und periodisch überprüfen, darunter ein Arbeitsprogramm zu nachhaltigen Beschaffungen,

IN ANERKENNUNG DESSEN, dass mehrere Vertragsparteien nationale und subnationale Politiken im Bereich der nachhaltigen Beschaffungen entwickelt haben,

UNTER BESTÄTIGUNG der Wichtigkeit, dafür zu sorgen, dass alle Beschaffungen in Übereinstimmung mit den im Übereinkommen festgelegten Grundsätzen der Nichtdiskriminierung und der Transparenz erfolgen —

VERABSCHIEDET EIN ARBEITSPROGRAMM BETREFFEND NACHHALTIGE BESCHAFFUNGEN:

1. **Einleitung des Arbeitsprogramms zu nachhaltigen Beschaffungen**

   Auf seiner ersten Sitzung nach Inkrafttreten des Protokolls zur Änderung des bestehenden Übereinkommens (1994) leitet der Ausschuss ein Arbeitsprogramm zu nachhaltigen Beschaffungen ein.

2. Das Arbeitsprogramm befasst sich unter anderem mit den folgenden Themen

   a) Ziele nachhaltiger Beschaffungen,

   b) Art und Weise, wie das Konzept der nachhaltigen Beschaffungen in die nationalen und subnationalen Beschaffungspolitiken integriert ist,

   c) Art und Weise, wie nachhaltige Beschaffungen in Übereinstimmung mit dem Grundsatz des optimalen Ressourceneinsatzes durchgeführt werden können, und

   d) Art und Weise, wie nachhaltige Beschaffungen in Übereinstimmung mit den internationalen Handelsverpflichtungen der Vertragsparteien durchgeführt werden können.

3. Der Ausschuss bestimmt Maßnahmen und Politiken, die er als nachhaltige Beschaffungspraktiken in Übereinstimmung mit dem Grundsatz des optimalen Ressourceneinsatzes und mit den internationalen Handelsverpflichtungen der Vertragsparteien betrachtet, und erstellt einen Bericht, in dem die Maßnahmen und Politiken aufgeführt sind, welche die bewährten Verfahren darstellen.

ANHANG F

Beschluss des Ausschusses für das öffentliche Beschaffungswesen zu einem Arbeitsprogramm zu Ausschlüssen und Beschränkungen in den Anhängen der Vertragsparteien

Beschluss vom 30. März 2012

DER AUSSCHUSS FÜR DAS ÖFFENTLICHE BESCHAFFUNGSWESEN —

UNTER FESTSTELLUNG, dass Artikel XXII Absatz 8 Buchstabe a des Übereinkommens über das öffentliche Beschaffungswesen (Übereinkommen) vorsieht, dass die Vertragsparteien Arbeitsprogramme verabschieden und periodisch überprüfen, darunter ein Arbeitsprogramm zu Ausschlüssen und Beschränkungen in den Anhängen der Vertragsparteien,

IN ANERKENNUNG DESSEN, dass die Vertragsparteien Ausschlüsse und Beschränkungen in ihren Anhängen zu Anlage I des Übereinkommens aufgeführt haben (Ausschlüsse und Beschränkungen),

IN ANERKENNUNG der Wichtigkeit transparenter Maßnahmen im Bereich des öffentlichen Beschaffungswesens und

IN ANBETRACHT der Wichtigkeit, Ausschlüsse und Beschränkungen in den künftigen Verhandlungen gemäß Artikel XXII Absatz 7 des Übereinkommens schrittweise zu reduzieren und zu beseitigen —

VERABSCHIEDET DAS FOLGENDE ARBEITSPROGRAMM BETREFFEND AUSSCHLÜSSE UND BESCHRÄNKUNGEN IN DEN ANHÄNGEN DER VERTRAGSPARTEIEN:

1. **Einleitung eines Arbeitsprogramms zu Ausschlüssen und Beschränkungen**

Auf seiner ersten Sitzung nach Inkrafttreten des Protokolls zur Änderung des bestehenden Übereinkommens (1994) leitet der Ausschuss ein Arbeitsprogramm zu Ausschlüssen und Beschränkungen in den Anhängen der Vertragsparteien mit folgenden Zielen ein:

a) Verbesserung der Transparenz hinsichtlich Umfang und Auswirkungen der in den Anhängen der Vertragsparteien zu Anlage I des Übereinkommens spezifizierten Ausschlüsse und Beschränkungen und

b) Bereitstellung von Informationen zu den Ausschlüssen und Beschränkungen, um die Verhandlungen gemäß Artikel XXII Absatz 7 des Übereinkommens zu erleichtern.

2. **Transparenzprogramm**

Jede Vertragspartei übermittelt dem Ausschuss bis spätestens sechs Monate nach Einleitung des Arbeitsprogramms eine Liste mit folgenden Informationen:

a) länderspezifische Ausschlüsse, die sie in ihren Anhängen zu Anlage I des Übereinkommens aufrechterhält, und

b) andere Ausschlüsse oder Beschränkungen in ihren Anhängen zu Anlage I des Übereinkommens, die unter Artikel II Absatz 2 Buchstabe e des Übereinkommens fallen, mit Ausnahme von Ausschlüssen oder Beschränkungen, die im Rahmen des Arbeitsprogramms zu den KMU geprüft werden oder von Fällen, in denen eine Vertragspartei sich verpflichtet hat, einen Ausschluss oder eine Beschränkung in einem Anhang zu Anlage I des Übereinkommens schrittweise zu beseitigen.

3. **Zusammenfassung der eingereichten Informationen**

Das Sekretariat erstellt eine Zusammenfassung der eingereichten Informationen und übermittelt die Informationen sowie die Zusammenfassung an die Vertragsparteien. Es fügt eine Liste der Vertragsparteien bei, die keine Informationen eingereicht haben.

4. **Anforderung zusätzlicher Informationen**

Jede Vertragspartei kann periodisch zusätzliche Informationen zu einem Ausschluss oder einer Beschränkung innerhalb des Geltungsbereichs von Absatz 2 Buchstabe a und b anfordern, einschließlich zu den einen Ausschluss oder eine Beschränkung betreffenden Maßnahmen, ihren Rechtsrahmen, Umsetzungsstrategien und -praktiken sowie zum Wert der Beschaffungen, die solchen Maßnahmen unterliegen. Eine Vertragspartei, die eine solche Anfrage erhält, übermittelt die angeforderten Informationen unverzüglich.

5. **Zusammenfassung der zusätzlichen Informationen**

Das Sekretariat erstellt eine Zusammenfassung der zusätzlichen Informationen jeder Vertragspartei und übermittelt sie den Vertragsparteien.

6. **Überprüfung durch den Ausschuss**

Auf seiner jährlichen Sitzung gemäß Artikel XXI Absatz 3 Buchstabe a des Übereinkommens überprüft der Ausschuss die von den Vertragsparteien übermittelten Informationen, um festzustellen:

a) ob sie größtmögliche Transparenz betreffend die Ausschlüsse und Beschränkungen in den Anhängen der Vertragsparteien zu Anlage I des Übereinkommens schaffen und

b) ob sie im Sinne der Vereinfachung der Verhandlungen gemäß Artikel XXII Absatz 7 des Übereinkommens zufriedenstellend sind.

7. **Neue Partei, die dem Übereinkommen beitritt**

Eine neue Partei, die dem Übereinkommen beitritt, übermittelt dem Ausschuss die Liste gemäß Absatz 2 innerhalb von sechs Monaten nach ihrem Beitritt.

ANHANG G

Beschluss des Ausschusses für das öffentliche Beschaffungswesen zu einem Arbeitsprogramm zu Sicherheitsnormen im internationalen Beschaffungswesen

Beschluss vom 30. März 2012

DER AUSSCHUSS FÜR DAS ÖFFENTLICHE BESCHAFFUNGSWESEN —

UNTER FESTSTELLUNG, dass Artikel XXII Absatz 8 Buchstabe a des Übereinkommens über das öffentliche Beschaffungswesen (Übereinkommen) vorsieht, dass die Vertragsparteien Arbeitsprogramme verabschieden und periodisch überprüfen, darunter ein Arbeitsprogramm zu Sicherheitsnormen im internationalen Beschaffungswesen,

UNTER FESTSTELLUNG, dass Artikel X Absatz 1 des Übereinkommens vorsieht, dass die Beschaffungsstellen keine „technischen Spezifikationen ausarbeiten, annehmen oder anwenden [dürfen] [...] in der Absicht oder mit der Folge, unnötige Hemmnisse für den internationalen Handel zu schaffen",

UNTER FESTSTELLUNG, dass Artikel III Absatz 2 Buchstabe a des Übereinkommens die Vertragsparteien nicht daran hindert, notwendige Maßnahmen zum Schutz der öffentlichen Sicherheit zu beschließen oder durchzusetzen, vorausgesetzt, dass diese Maßnahmen nicht so angewendet werden, dass sie zu einer willkürlichen oder ungerechtfertigten Diskriminierung oder zu einer versteckten Beschränkung des internationalen Handels führen,

IN ANERKENNUNG der Notwendigkeit eines ausgewogenen Vorgehens zwischen öffentlicher Sicherheit und unnötiger Hindernisse für den internationalen Handel,

IN ANERKENNUNG DESSEN, dass unterschiedliche Verfahren unter den Vertragsparteien hinsichtlich der öffentlichen Sicherheit sich negativ auf das Funktionieren des Übereinkommens auswirken können —

VERABSCHIEDET DAS FOLGENDE ARBEITSPROGRAMM BETREFFEND SICHERHEITSNORMEN:

1. Einleitung des Arbeitsprogramms zu Sicherheitsnormen im internationalen Beschaffungswesen: Auf seiner ersten Sitzung nach Inkrafttreten des Protokolls zur Änderung des bestehenden Übereinkommens (1994) leitet der Ausschuss ein Arbeitsprogramm zu Sicherheitsnormen im internationalen Beschaffungswesen ein.

2. Das Arbeitsprogramm befasst sich unter anderem mit den folgenden Themen mit dem Ziel, die bewährten Verfahren dazu zu verbreiten:

   a) Art und Weise, in der Anliegen der öffentlichen Sicherheit in der Gesetzgebung, den Verordnungen und den Verfahren der Vertragsparteien sowie in den Richtlinien für die Umsetzung des Übereinkommens durch die Beschaffungsstellen behandelt werden,

   b) Beziehung zwischen den Bestimmungen von Artikel X zu den technischen Spezifikationen und dem Schutz der öffentlichen Sicherheit gemäß Artikel III des Übereinkommens und gemäß den Anhängen der Vertragsparteien zu Anlage 1,

   c) Bewährte Verfahren, die zum Schutz der öffentlichen Sicherheit vor dem Hintergrund der Bestimmungen zu den technischen Spezifikationen und Ausschreibungsunterlagen von Artikel X angewandt werden können.

3. Der Ausschuss legt den Umfang und den Zeitplan für die Untersuchung der in Absatz 2 genannten Themen fest. Der Ausschuss erstellt einen Bericht, in dem die Ergebnisse seiner Untersuchung dieser Themen zusammengefasst und die in Absatz 2 Buchstabe c genannten bewährten Verfahren aufgelistet werden.